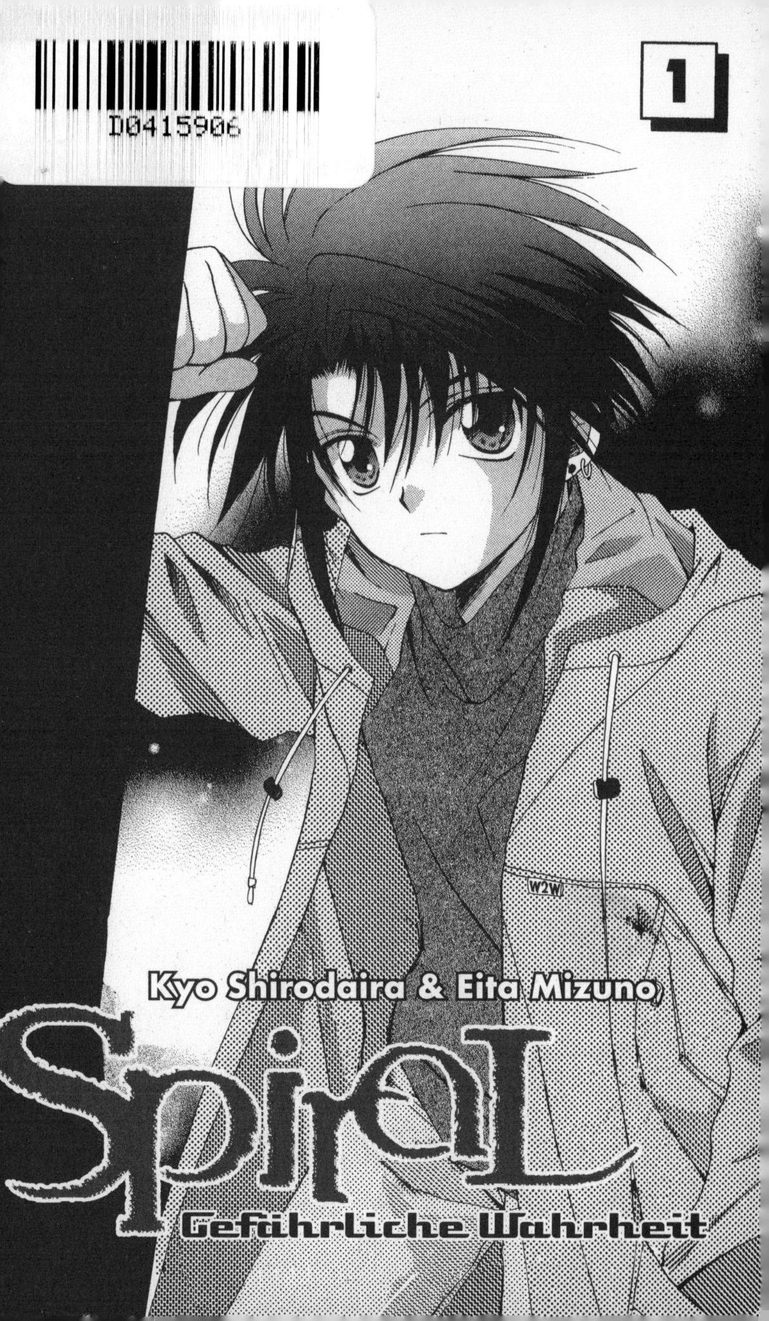
1
Kyo Shirodaira & Eita Mizuno
Spiral
Gefährliche Wahrheit

INHALT

Beobachte und ziehe Schlüsse.
Um der Wahrheit willen.

Beobachte und ziehe Schlüsse.
Um wertvolle Menschen zu beschützen!

... UM BESSER ZU SEIN ALS DEIN BRU- DER!

1. Kapitel
Die unsichtbare Hand an der Treppe (Teil 1)

Spiral

Gefährliche Wahrheit

ICH HAB VON »DEM TAG« GETRÄUMT.

MIST.

ICH HAB VERSCHLAFEN.

...

Ayumu Narumi,
1. Schuljahr an der
Tsukiomi-Oberschule

RUCK

TSUKIOMI

KNARZ

HEUTE...

ACH JA...

... VOR ZWEI JAHREN...

... WAR »DER TAG«, AN DEM MEIN BRUDER VERSCHWAND.

AAAAAH!

KRAGH

HÄ?

8

...

ALLES
IN ORD-
NUNG
...

...
FRAU
NARUMI
?

ÄÄH?

... TAUCHTE OBEN DER TYP AM TREPPENABSATZ AUF DER 5. ETAGE AUF!

ALS WIR ZU IHR KAMEN...

KANA...!

SO WEIT IHRE AUSSAGE.

ICH HATTE AUF DEM DACH GESCHLAFEN.

Verdächtiger
Ayumu Narumi

WAS HATTEST DU DORT ZU SUCHEN?

ALS ICH RUNTERKAM, HÖRTE ICH VON DER TREPPE HER GERÄUSCHE.

?

ES HEISST, SCHÜLER GEHEN SELTEN DORTHIN.

18

DAS GITTER WAR SCHON VORHER KAPUTT ...

... HAT DER HAUSMEISTER GESAGT.

DIE BOLZEN SOLLEN SCHON LANGE LOCKER GEWESEN SEIN.

TROTZDEM HÄTTE MAN DAS GITTER NICHT OHNE GRÖSSERE ANSTRENGUNG HERAUSDRÜCKEN KÖNNEN.

ABER BOLZEN UND GITTER WAREN STARK VERFORMT.

DANN WAR ES SELBSTMORD?

ES KANN ALSO KEIN UNFALL GEWESEN SEIN.

WENN MAN VON SELBST STÜRZT UND SICH FESTHÄLT ...

... WÜRDE DAS NIE SO AUSSEHEN.

... ZURZEIT ...

GEHEN WIR DAVON AUS, DASS KANA MUNEMIYA MITSAMT DEM GITTER GESTOSSEN WURDE.

EINIGES SPRICHT DAGEGEN. SIE HAT ZUM BEISPIEL KEINEN ABSCHIEDSBRIEF HINTERLASSEN.

...

KEINER HAT JEMANDEN ÜBER DIE TREPPE FLÜCHTEN SEHEN!

HÖR ZU!

NUR DER NOTAUSGANG AUF DER 5. ETAGE WURDE IN DEN LETZTEN TAGEN BENUTZT.

DONNER

BLITZ

HÄ? WAS IST, SHERLOCK?

HIHIHI!

DU BEHAUPTEST, NIEMAND SEI DURCH DEN NOTAUSGANG AUF DER 5. ETAGE GELAUFEN!

DAZU NOCH DAS!

HEPP

NENN MICH NICHT SO!

UPS!

WAS HAT DAS MIT DEM FALL ZU TUN?

UND DU HAST MICH GEDUZT!

KNARZ

BAM

HA HA HA HA!

GIB ES ENDLICH ZU, DU ROWDY!

HHM!

KNACK KNACK

... NIEMAND AUSSER DIR KANN ES GEWESEN SEIN!

DAS HEISST ...

...

BE-GREIFST DU, IN WELCHER ...

... LAGE DU BIST?

...

RED NICHT SOLCHEN QUATSCH!

ABER AUSSER IHM KOMMT NIEMAND IN FRAGE!

KRCH

WENN WIR DEN TÄ-TER HABEN, KÖNNEN WIR AUCH DEN FALL...

AUA

DANN KOCH SELBER, STATT ZU MECKERN!

ICH KANN DAS DOCH NICHT SO GUT!

KNARS

NEIN!

DAS IST JA SOGAR INSTANT-CURRY!

POWER CURRY

BLÖDES ADLER-AUGE.

ICH HATTE KEINEN BOCK, SO WAS AUFWENDIGES ZU KOCHEN. ICH BIN HEUTE ROWDY GENANNT WORDEN.

AH!

VOR DEN KOLLEGEN TUST DU SO COOL.

KLAPPER

KLAPPER

NA UND?

BAM

SO HERRISCH UND LAUNISCH? NEIN DANKE.

SOLL ICH ZU HAUSE ETWA SO SEIN WIE IM JOB?

Am nächsten Tag nach Schulschluss

KLING

KLING

KLING

KLING

MUSIKRAUM 2

ER WAR EIN HOCHBEGABTER SCHÜLER, SPORTLER ...

ES GAB NICHTS, WAS MEIN BRUDER NICHT KONNTE.

38

BIST DU ETWA...

EINE SCHÜLERZEITUNG WEISS ALLES. ♡

DU WEISST JA NICHT, OB SIE NACH DEM UNTERRICHT NOCH IN DER SCHULE IST.

STILL!

WOHER WUSSTEST DU, DASS SIE IM KYUDO*-KLUB IST?

*KYUDO = KLASSISCHES JAPANISCHES BOGENSCHIESSEN

ICH VERWENDE INFORMATIONEN NIE AUS EIGENNUTZ!

ES IST NICHT SO, WIE DU DENKST!

EIN MÄDCHEN AUS EINER HÖHEREN KLASSE, VON DEM ALLE SPRECHEN?

... DIE BERÜCHTIGTE »INFORMATIONSSAMMLERIN«?

SOGAR DER SCHULDIREKTOR SOLL VOR IHR ANGST HABEN.

... AUS JOURNALISTISCHER NEUGIER. ♡

JA. ♡

ICH TUE DAS NUR...

HEY, DU!

MASARU ...

SAG DAS DOCH GLEICH!

WAS?

ER IST EIN SCHLÄGER-TYP.

ICH WAR'S NICHT.

MIZUE!

LÄCHEL

J...JA?

KRGH

45

MURMEL

MIZUE
...?

MURMEL

SIE WAR VON ANFANG AN VERDÄCHTIG.

BETRETEN VERBOTEN

ABER SIE STAND WEIT WEG UND...

... SAH KANA HINUNTERSTÜRZEN.

ACH SO... ... DU GLAUBST, MIZUE WAR ES?

SIE SPRACH GLEICH VON MORD.

OHNE ES WISSEN ZU KÖNNEN.

TAP

TAP

TAP

... WOLLTE SIE KANA MUNDTOT MACHEN.

VIEL-LEICHT...

WAS KÖNNTE IHR MOTIV SEIN?

HAB SELBST KEINE AHNUNG!

KANA MUSS DA-RIN VERWICKELT GEWESEN SEIN...

TJA, DIE SACHE SCHEINT KOMPLI-ZIERT.

ABER WAS IST DENN NUR »DER FALL«?

KANA MUSS SELBST TEIL DER LÖSUNG DES FALLS SEIN...

MUND-TOT MACHEN?

ABER MADOKA SCHEINT MIR DAVON NICHT ERZÄHLEN ZU WOLLEN...

WEISST DU, AYUMU ...

?

...

WENN JEMAND DA OBEN STÜNDE...

... WÜRDE MAN IHN NICHT BEMERKEN.

AHA?

... WURDE KANA NACH UNTERRICHTS-SCHLUSS INS LEHRERZIMMER GERUFEN.

AM TAG DES MORDES ...

DIE SCHÜLE-RIN, DIE DAS DURCHGE-SAGT HATTE, TAT DAS, WEIL EIN ZETTEL IM SENDERAUM LAG.

a Munemiya soll nach Unterrichts schluss zum Lehrerzimmer kommen.

SELT-SAMER-WEISE WOLLTE SIE DORT NIEMAND SPRE-CHEN.

KANA HATTE GERADE PUTZDIENST. SIE UNTER-BRACH IHN UND GING SOFORT HIN.

Kana Munemiya aus der Klasse 2 F bitte sofort ins Lehrer-zimmer!

KANA KEHRTE VERWUNDERT ZURÜCK UND PUTZTE WEITER.

...

ÄÄH?

WOLLEN WIR ETWAS IN DER CAFETERIA ESSEN? ICH LADE DICH EIN!

ICH HAB HUNGER.

LASS MICH!

HEY, AYU-MU...

AYUMU!

DIE NERVT!

HE! SEI DOCH NICHT SO KÜHL!

BITTE KOMM MIT!

NEIN DANKE. GEH ALLEIN!

YU!

ABER WARUM GEHE ICH IN RICHTUNG CAFETERIA?

YEAH!

SpiraL

Gefährliche Wahrheit

2. Kapitel

Die unsichtbare Hand an der Treppe (Teil 2)

MIZUE NOHARA!

KÖNNEN WIR DICH SPRECHEN?

WARUM VERHAFTEN SIE DEN KERL NICHT?!

ER IST DOCH DER TÄTER, ODER?!

SIE WAR AN DEM TAG WIE IMMER!

KANA KANN SICH NICHT UMGEBRACHT HABEN!

UND SELBSTMORD IST NICHT AUSGESCHLOSSEN.

ES IST NOCH NICHTS ERWIESEN.

KENNST DU EINEN MANN NAMENS SONOBE?

WIR WOLLEN ÜBER ETWAS ANDERES MIT DIR SPRE-CHEN.

UND ZWAR...

JA, ICH WEISS.

DAS HA-BE ICH SCHON GES-TERN GE-SAGT!

AUSSER-DEM GAB ES KEINEN ABSCHIEDS-BRIEF.

WIESO ALSO?!

DEINE FREUN-DIN...

... WURDE ER HINTER-RÜCKS ÜBER-FALLEN.

DIESEN NAMEN HABE ICH NOCH NIE GEHÖRT.

... SOLL DEN TÄTER GESEHEN HABEN.

ABER SIE HAT UNS NICHT VER-RATEN, WER ER WAR.

ER LIEGT SCHWER VERLETZT IM KRAN-KENHAUS.

HM...

VOR EINER WOCHE...

59

WARUM FRAGEN SIE MICH?

DAVON HAT SIE NIE GESPROCHEN!

HAT DIR KANA ETWAS...

WIE KOMMST DU DENN DARAUF?

FRAU KOMMIS-SARIN...

... VER-DÄCHTIGEN SIE ETWA MICH?

ENT-SCHULDIGE, DASS WIR DICH AUFGEHALTEN HABEN!

ICH HABE VIEL ZU TUN.

SCHLUSS-VERKAUF

ICH MUSS JETZT GEHEN.

KRGH

AYUMU
IST
DOCH...

WAR DAS IHR
SCHWA-
GER?

RASCH
ZUM PRÄ-
SIDIUM.

... DER
BRUDER DES
»MEISTER-
DETEKTIVS«
...

TSCHILP
TSCHILP

KNARR

TSS!

ÄH?

HAL-LO!

HALLO, MIZUE!

EIN LIEBES-BRIEF, ODER?

HAHAHAHA!

EIN JUNGE AUS DEM 1. SCHULJAHR HAT EINEN BRIEF FÜR DICH GE-BRACHT.

An Mizue Nohara

KNÜLL

ZUCK

RITSCH

Nach dem Unter-richt

FALLS ER NEIN SAGT, TUE ICH SO, ALS HÄTTE ICH ES NICHT ERNST GEMEINT.

DANN PASSIERT NICHTS, UND DU KANNST MIT IHM BEFREUNDET BLEIBEN.

WENN ER JA SAGT, MACHE ICH DAS VICTORY-ZEICHEN. DANN KOMMST DU RUNTER UND – HAPPY END. ♡

VON DORT KANNST DU UNS AM BESTEN BEOBACH-TEN.

IN DEN HINTERHOF VON HAUS C KOMMEN NICHT SO VIELE LEUTE.

VON DER FEUER-TREPPE AUF DER 5. ETAGE KANNST DU UNBEMERKT IN DEN HOF SEHEN.

...

HAST DU MICH HIERHER BESTELLT, UM MIR EIN PUPPENSPIEL ZU ZEIGEN?

...

DAS WAR HIYONOS PUPPEN-THEATER. ♡

VERBEUG

... KANN MAN NICHT ERNSTHAFT NACHERZÄHLEN!

SO EINEN PATHETISCHEN DIALOG ...

EIGENTLICH NICHT, ABER...

STIMMT. ABER DIE REQUISITEN SIND ÜBERTRIEBEN...

... SIE WOLLTE ES PARTOUT SO MACHEN.

WAS SOLL DAS GANZE THEATER?

WANN HAST DU DAS ÜBERHAUPT VORBEREITET?

KÜNSTLERGEHEIMNIS.

DAS IST KUNST.

KUNST?

NUN WISSEN WIR, WARUM KANA MUNEMIYA AUF DEM TREPPENABSATZ STAND.

UND HIER IST DAS WICHTIGSTE REQUISIT...

ÄH, ACH SO, JA...

WIR HABEN BLOSS DEN DIALOG ZWISCHEN DIR UND DEM OPFER REKONSTRUIERT.

SST

STILLE

PPT

DIE »UN-SICHTBARE HAND«...

EINE SONNEN-BRILLE?

ÄH... HM!

NEE... SO WAR DAS NICHT GEMEINT.

... DIE SIE ABSTÜRZEN LIESS.

*TSUKUOMI

OBWOHL SIE IN DER SCHULE SONST NIE EINE TRUG?

WARUM STÜRZTE KANA MIT EINER BRILLE HINUNTER?

ICH HAB HALT KEINE ANDERE...

EINE BRILLE!

ES GEHT UM EINE BRILLE.

SETZT DU SIE SCHON AB?

... HAT SIE IHRE BRILLE AUFGESETZT, UM DEIN ZEICHEN ERKENNEN ZU KÖNNEN.

UM DICH UND IKUO SEHEN ZU KÖNNEN, GING SIE AUF DIE TREPPE.

UND ALS IHR AM BLUMEN-BEET AUF-GETAUCHT SEID...

... SODASS IHR BLICK BEEINTRÄCHTIGT WAR?

... MIT GLÄSERN EINER ANDEREN STÄRKE ...

... ANDERE AUSGETAUSCHT WORDEN WÄRE ...

WAS, WENN IHRE BRILLE GEGEN EINE ...

IN DIESER ZEIT KONNTE MAN SIE GEGEN EINE ANDERE AUSTAUSCHEN.

DIE TASCHE MIT IHRER BRILLE NAHM SIE NICHT MIT.

KANA VERLIESS WEGEN EINER DURCHSAGE WÄHREND IHRES PUTZDIENSTES DAS KLASSENZIMMER.

DIE DURCHSAGE HAST DU INSZENIERT, ODER?

DU HAST KANA AUF DIE FEUERTREPPE GELOCKT ...

DOCH DAS KAPUTTE GITTER HIELT NICHT.

ES STÜRZTE MIT IHR AB.

AUF DEM TREPPENABSATZ ...

... WURDE IHR WEGEN DER BRILLE SCHWINDLIG UND SIE WOLLTE SICH FESTHALTEN.

68

... HAST DU DICH AN DEN ZERBROCHE- NEN GLÄSERN GESCHNIT- TEN...

... NICHT WAHR?

KANA IST VON HINTEN GE- STOSSEN WORDEN.

LIEST DU KEINE ZEITUNG ?

FUIt

NACH DEINER ER- ZÄHLUNG KLINGT ES WIE EIN UNFALL!

AUSSER- DEM HÄTTE SICH DAS GITTER NICHT GE- LÖST, NUR WEIL SICH JEMAND DARAUF STÜTZTE!

PTT

KNARZ

TAP

!!!

DAS...

SEIT DIESEM
EREIGNIS BIN
ICH IN EINE
SERIE VON
VORFÄLLEN...

... UM DIE
»BLADE
CHILDREN«
VERWICKELT.

3. Kapitel
Apolls Pfeil

KEIN PULS. SIE IST TOT.

FRAU NARUMI! VON DEM DACH DA...

... HAT JEMAND GE-SCHOSSEN.

DAS WEISS ICH SELBST!

...

DAS IST IHR CHEF. DEM PASST IHRE EIGENINITIATIVE NICHT.

OH!

WAS WILL DER TYP VON IHR?

ETWAS MEHR MITGEFÜHL, WENN ICH BITTEN DARF!

KEINE SORGE, SHERLOCK. SIE HAT STARKE NERVEN.

ZACK

DU HAST ÜBERHAUPT...

URGH?!

?!

HIER IST HIYONO, DEINE ASSISTEN-TIN. ♡

GRAPSCH

URGH!

HM-HM...

WAS KANN ICH FÜR DICH TUN?

BEINK

...

BEINK

NA KLAR.

...

KANNST DU DA-RÜBER ETWAS HERAUSBE-KOMMEN?

DER FALL, MIT DEM KANA MUNEMIYA ZU TUN GEHABT HABEN SOLL....

AAARGH!

ÜBER-LASS...

... DAS NUR MIR. ♡

MIST!

VER-DAMMT!

SCHEIS-SE!

... UND ICH BIN SUSPEN-DIERT!

MIZUE NOHARA IST TOT...

AAARGH!

TSS!

NICHT SO ORDINÄR! IN DEINEM ALTER.

SCHNAU-ZE!

EBEN-FALLS.

ZWEI JAHRE IST KIYOTAKA NUN SCHON VERSCHWUNDEN.

EY.

W... WAS SOLL DAS?!

RUCK

DESHALB BIN ICH JA SO UNGEDULDIG...

DAS ...

... WEISS ICH DOCH.

SEI NICHT UNGEDULDIG.

SONST WIRST DU ETWAS WICHTIGES ÜBERSEHEN.

SPAR DIR DEINE PRE-DIGT FÜR SPÄTER!

...

...

FLAP

KRGH

BAMM

?!

...ann bewusstlos geschlagen

Gestern am späten Abend wurde ein Ober-schüler überfallen und schwer am Kopf verletzt. Das Opfer heißt Takashi Sonobe (51), ist Lehrer an der Yozakura-Oberschule und liegt zurzeit bewusstlos im Krankenhaus.

DAS OPFER HEISST TAKASHI SONOBE.

ER IST 51 JAHRE ALT, LEDIG UND UNTER-RICHTET ENGLISCH AN DER YOZAKURA-OBERSCHULE.

DIE POLIZEI VERMUTET, ER WURDE NUR ZUFÄLLIG OPFER EINES RAUBÜBERFALLS.

HIER DIE KOPIE DES ARTIKELS.

ER LIEGT IMMER NOCH IM KRANKENHAUS.

MURMEL

DIE TATWAFFE WAR EIN STUMPFER GEGENSTAND. VIELLEICHT EIN BASEBALLSCHLÄGER.

ÜBERFALLEN WURDE ER KURZ NACH 22 UHR AUF DEM GEHWEG IN DER NÄHE SEINER WOHNUNG.

JA, UND BEI DIR?

NA, ALLES KLAR?

MURMEL

DANN WURDE SIE SELBST GETÖTET.

STATTDESSEN HAT MIZUE KANA UMGEBRACHT.

KANA WAR ZEUGIN VON MIZUES TAT UND RIET IHR, SICH ZU STELLEN.

ACH JA... ICH HAB NOCH GEHÖRT, WAS DIE POLIZISTEN REDETEN...

FOLGENDES HABE ICH HERAUSBEKOMMEN ...

KEIN FREMDER WURDE AN DER SCHULE GESEHEN. EIN BOGEN BLIEB AUF DEM DACH DES HAUSES B LIEGEN. MIZUE WAR FAST AUF DER STELLE TOT.

DAS WAR'S.

DIE BEIDEN TEILE WAREN MIT KLEBSTOFF UND KLEBEBAND ZUSAMMENGEFÜGT.

DER TÄTER HAT WAHRSCHEINLICH EINEN GEBRAUCHTEN PFEIL VERWENDET.

DER PFEIL, DER MIZUE GETÖTET HAT, WAR IN DER MITTE GEBROCHEN.

HÄ?

KYUDO-HALLE

DU WARST ES! AUSSER DIR KANN ES NIEMAND GEWESEN SEIN!

HHM...

96

ÄHM...

BOFF

ACH!

W...WAS
MACHST
...

D...
DU...

WOMM

UAAAAH!

URG...

TRAINIER
WEITER,
MASARU!

SMAK

ENTSCHUL-
DIGE DIE
STÖRUNG.

SHERLOCK...
PAH!

...

VON HIER AUS KANN NUR MASARU SASABE DAS ZIEL TREFFEN. SCHLIESSLICH IST ER LANDESMEISTER!

AUSSERDEM WAR ER MIZUE NOHARAS FREUND!

ER IST SEHR VERDÄCHTIG!

OH, SUEMARU, BITTE FANG DEN TÄTER...

SICHERLICH IST SIE SEHR BETRÜBT, DASS SIE NICHT ERMITTELN DARF.

SIE HAT HEUT MORGEN GEBADET, ORDENTLICH BIER GETRUNKEN UND PLAYSTATION GEZOCKT.

ICH WERDE IHN FÜR FRAU NARUMI FESTNEHMEN!

DER TÄTER HAT NICHT VON HIER GESCHOSSEN.

SCHAU NICHT SO.
ICH KANN NICHTS DAFÜR.

...

HÄ?
WIR SIND HIER AUF HAUS B. DA DRÜBEN IST HAUS A, WO MIZUE GETÖTET WURE. DAS SIND ETWA 100 METER.
ZUM TATZEITPUNKT WEHTE EIN LEICHTER SEITENWIND.
KANNST DU VON HIER AUS DEN TATORT SEHEN?
DER ORT LIEGT IM SCHATTEN, MAN KANN WENIG ERKENNEN.
DAZU DIE ENTFERNUNG.
JEMANDEN VON HIER ZU TREFFEN IST NAHEZU UNMÖGLICH.

JA...

WIR UNTER-HIELTEN UNS AUF DEM FLUR...

WÄHREND WIR HINAUFGIN-GEN, KAM NIEMAND DIE TREPPE HERAB.

JA.

Mikiya Chiba, 2. Schuljahr

KURZ DARAUF HÖR-TEN WIR SIE VON OBEN KOMMEN. ALSO GINGEN WIR HINAUF.

Susumu Akiyoshi, 2. Schuljahr

DANN HÖRTEN WIR EINEN SCHREI...

... UND STARRTEN EINANDER AN.

Ikuo Tsujii, 2. Schuljahr

... DIE TREPPE HERUNTERSTIEG, DASS ALSO NIE-MAND DA WAR, ALS SIE DEN SCHREI HÖRTEN.

DREI SCHÜLER BESTÄTI-GEN, DASS NIEMAND...

UND DASS SIE DIE GANZE ZEIT ZUSAMMEN WAREN.

EINE MITTÄTER-SCHAFT KANN MAN AUS-SCHLIESSEN.

EINE UN- MÖGLICHE TAT...

NEIN.

KLACK

DAS GLAUBE ICH NICHT.

ZWISCHEN DEM DACH UND DER TREPPE KANN MAN SICH NIRGENDWO VERSTECKEN!

AUCH WENN ES ÜBER- MENSCH- LICH ERSCHEINT, KANN DER TÄTER NUR VON HIER AUS GETÖTET HABEN!

HEY...

WIR VER- PASSEN NOCH DAS MITTAG- ESSEN.

HM? AH, JA!

STIMMT.

WER VON DEN DREIEN HAT DIE POLIZEI UND DEN RETTUNGS- WAGEN GE- RUFEN?

HM?

... ÄH, HERR KOMMIS- SAR.

HEY, SHER- LOCK ...

102

J...JA. VON MIZUE NOHARA.

UND? FINGER-ABDRÜCKE?

JA. HINTER DEM FEUER-LÖSCHER AUF DEM FLUR.

IKUO BLIEB ALLEIN AM TATORT.

SUSUMA UND MIKIYA.

HAST DU EINEN GUMMIBALL GEFUNDEN?

DANN IST JA ALLES KLAR.

HABEN SIE IHM DAS ALLES BEIGE-BRACHT?

IHR SCHWAGER SCHEINT DEN FALL BEREITS GELÖST ZU HABEN.

SO IST UNSER BIS-HERIGER ERMITT-LUNGS-STAND.

DAS LIEGT IHM EBEN IM BLUT.

BLUT?

ICH KANN NICHTS DAFÜR.

ER MACHT UNSERE ARBEIT.

OB ICH JEMALS SO EIN DETEKTIVISCHES GESPÜR HABEN WERDE WIE DIE BEIDEN...?

ACH, NICHT WICHTIG.

DANKE.

MELDE DICH, WENN'S WAS NEUES GIBT.

KLACK

UND SEIN KLEINER BRUDER...

MAN NANNTE IHN »MEISTERDETEKTIV«...

SPIELST DU NICHT?

DU SCHEINST DEN TÄTER, DIE TRICKS UND AUCH SONST ALLES SCHON ZU KENNEN.

ICH DENKE GERADE AN ETWAS UNANGENEHMES.

JA, SO UNGEFÄHR.

NUR DAS MOTIV IST NICHT KLAR.

105

106

...

KLACK

... KANA...

Am nächsten Tag nach Unterrichtsschluss

108

NEIN.

SSG

?!

HÖR UNS WENIGSTENS ZU.

EIN SIMPLER TRICK, DEN MAN SCHON SEIT EINEM HALBEN JAHRHUNDERT KENNT.

...

HEY, SHER-LOCK...

HIERHER.

HÖR AUF, MICH SO ZU NENNEN!

TAP

HÄ?

MACH ES BITTE.

WENN MAN DEN BALL LÄNGER UNTER DIE ACHSEL KLEMMT...

SO?

... WIRD DIE HAUPTARTERIE AM OBERARM ABGEDRÜCKT UND...

... ES IST KEIN PULS MEHR ZU SPÜREN.

... HATTE MIZUE UNTER BEIDE ACHSELN GUMMIBÄLLE GEPRESST.

DANN STECKTE SIE AN IHRER BRUST DEN PRÄPARIERTEN PFEIL FEST...

BEVOR WIR AN DIE TREPPE KAMEN...

WIRKLICH?!

TOLL!

... UND STELLTE SICH TOT.

... DEN TÄTER SUCHEN GINGEN, HAST DU DEINE FREUNDE ZUM ALARMIEREN GESCHICKT UND BLIEBST ALLEIN DORT.

ALS WIR....

MADOKA WAR ZU HASTIG UND GLAUBTE SOFORT, MIZUE SEI TOT.

DIE ÄUSSERST LEBENDIGE MIZUE STAND AUF UND FREUTE SICH, DASS ALLES NACH PLAN VERLIEF.

DU HAST DEN PFEIL ZERBROCHEN, DEN MIZUE BENUTZT HATTE, UND IHN UNTER DER KLEIDUNG VERSTECKT.

DANN HAST DU DEN TATORT WIEDER SO HERGERICHTET, WIE WIR IHN GESEHEN HATTEN.

SCHLIESSLICH HAST DU GEWARTET, BIS JEMAND ZURÜCKKOMMT.

DEN PFEIL HATTEST DU ZERBROCHEN, DAMIT DU IHN UNTER DER KLEIDUNG VERSTECKEN KONNTEST, UND...

... NACH DEM MORD ZUSAMMENGEKLEBT.

IN DIESEM MOMENT HAST DU DIE PFEILSPITZE GENOMMEN UND MIZUE ERSTOCHEN.

PONG

AUSSERDEM...

... WAREN MIZUES FINGERABDRÜCKE AUF DEM GUMMIBALL.

GRABB

HÖR AUF ZU FANTASIEREN!

...

DEINE FREUNDE HABEN ZUGEGEBEN, DASS DU SIE WEGGESCHICKT HAST.

DEN PRÄPARIERTEN PFEIL HÄTTET IHR WOHL HINTER DEM FENSTER AUFGEHÄNGT.

DASS SIE UMGEBRACHT WERDEN KÖNNTE, DAMIT HATTE MIZUE NIE GERECHNET.

SELBST WENN DU ES NICHT GESCHAFFT HÄTTEST, SIE ZU TÖTEN, HÄTTEST DU NICHTS ZU VERLIEREN GEHABT.

ABER DIE ERFOLGSWAHRSCHEINLICHKEIT BETRUG 90 PROZENT.

FÜR DICH WAR ES EIN WUNDERPFEIL, DER DAS LÄSTIGE BESEITIGT ...

... SOZUSAGEN ...

ER FÜHRTE UNS VOM TATORT WEG, WEIL WIR DAVON AUSGEHEN MUSSTEN, DASS AUS DER FERNE GESCHOSSEN WURDE. SO WART IHR EINE ZEIT LANG UNGESTÖRT.

DER PFEIL ALS TATWAFFE WAR ENTSCHEIDEND.

APOLLS* PFEIL.

*APOLLO = GRIECHISCHER GOTT DES LICHTS UND DER KUNST

HAST DU ETWA KANA GETÖTET?!

DA WIR »UNTER EINER DECKE« STECKTEN.

... UM HILFE GEBETEN.

KANNST DU MIR HELFEN, WENN ICH ABHAUEN WILL?

JA.

ABER ES LIEF NICHT WIE GEPLANT.

DOCH, KANN ICH.

DER BESITZER DER »VILLA DES TODES« WIRD MIR HELFEN.

LANGE KANNST DU DER POLIZEI NICHT ENTKOMMEN.

W... WAS?!

WIR SIND EH »VERFLUCHTE KINDER«... »BLADE CHILDREN« ...

PFT ...

TU NICHT SO UNSCHULDIG.

...

AUSSERDEM WARST AUCH DU AN KANAS ERMORDUNG BETEILIGT.

DASS SIE KANA ...

... GETÖTET HATTE, KONNTE ICH IHR EINFACH NICHT VERZEIHEN.

KRGH

DAS WAR UNVERZEIHLICH.

MIZUE HAT MICH AUSGENUTZT.

ICH HABE KANA GELIEBT.

DESHALB HAT SIE MICH IN DEN MORD MIT HINEINGEZOGEN!

SIE WOLLTE SICH NICHT ALLEIN VOM »FLUCH« UNTERKRIEGEN LASSEN.

NUN BIN AUCH ICH EIN MÖRDER.

HA... HAHA-HA!

NUN GEHÖRE ICH AUCH ZU DEN...

... »BLADE CHILDREN«!

WAS HAT ES MIT DEN »BLADE CHILD-REN« AUF SICH?

WAS FÜR EIN FLUCH ?!

HEY!

PA

CK

DAS LABOR HATTE GESAGT, SIE BRÄUCHTEN ...

... EINE WOCHE ZEIT, UM ZU PRÜFEN, OB ES ÜBERHAUPT MÖGLICH SEI.

MADOKA...

STIMMT DAS MIT DEN FINGERABDRÜCKEN?

NA DANN... ... ICH FREU MICH AUFS ABENDESSEN!

...

WAS KOCH ICH NUR?

ÄHM...

COOL GEBLUFFT. NICHT SCHLECHT.

BRRRR

HM?

WAS SIND DIE »BLADE CHILDREN«?

»BLADE CHILDREN«... DAVON SPRACH MEIN BRUDER. KURZ DANACH WAR ER VERSCHWUNDEN.

ZWEI JAHRE IST DAS NUN HER.

ABER DA IST NOCH ETWAS.

SSG

WAS MIZUE NOHARA ERWÄHNT HAT.

»VILLA DES TODES«.

»BLADE CHILD-REN«...

SIE WOLLEN ALSO DEN FLUCH IN IHR WECKEN?

Raizo Shiranagatani, ehemaliger Direktor eines Chemie-Konzerns

FSCHHHH

...

50 MILLI-ONEN...

ICH WILL 50 MILLI-ONEN.

Takako Adachi, Übersetzerin

4. Kapitel

Das Zimmer hinter dem Besatzungsschloss (Teil 1)

DIE EINZIGEN HINWEISE, DIE KIYOTAKA UNS HINTERLASSEN HAT...

... SIND »BLADE CHILDREN« UND DER NAME »TAKASHI SONOBE«.

Takashi Sonobe

DIE NEUE SPUR IST DIE »VILLA DES TODES«...

SCHWANK

130

Reiko Hatsuyama,
Haushälterin

EINE ÜBER-SETZERIN.

SIE WAR 47 JAHRE ALT.

Führer-schein

DAS OPFER HEISST TAKAKO ADACHI.

WAS WAR IN DER TASCHE, DIE IM ZIMMER LAG?

HATTE SIE ETWAS AUFFÄLLI-GES BEI SICH?

HHM...

EIN MANU-SKRIPT, EIN WÖRTER-BUCH...

... UND EIN KLAPP-SCHIRM.

NICHTS, WAS EINEN HINWEIS LIEFERN KÖNNTE.

WAS WOLLTEST DU FRÜH-MORGENS IN DER BIBLIO-THEK?

JEDEN MORGEN, BEVOR ICH ZUM ESSZIMMER HINUNTERGEHE, HOLE ICH MIR DORT EIN BUCH.

ABER HEUTE WAR DIE TÜR VERSCHLOS-SEN.

UND DER SCHLÜSSEL STECKTE VON INNEN.

ALS ICH AUFWACH-TE...

... HATTE ICH LUST, ETWAS ÜBER GLENN GOULD*, DEN »ALCHEMISTEN AM KLAVIER«, ZU LESEN.

UND SIE?

*GLENN GOULD • BERÜHMTER PIANIST AUS KANADA

... DA SIE ALLE SCHLÜSSEL VERWALTET.

... SAHEN DIE LEICHE UND HOLTEN FRAU HATSUYAMA ...

WIR ...

VOR DER TÜR STAND SAYOKO UND WAR RATLOS. ICH HABE DANN DEN SCHLÜSSEL HERAUSGESTOSSEN, UM REINSCHAUEN ZU KÖNNEN.

WIR GINGEN DANN ZUR BIBLIOTHEK, UND ICH HABE DIE TÜR AUF-GEMACHT.

DIE BEIDEN KAMEN, ALS ICH IN DER KÜCHE DAS FRÜHSTÜCK ZUBEREITET HABE.

KEI WAR ALS ERSTE BEI FRAU ADACHI UND STELLTE FEST, DASS SIE NICHT MEHR LEBT.

ES WAR KURZ NACH SECHS UHR.

NORMALERWEISE SCHLIESSEN WIR DIE BIBLIOTHEK NICHT AB, ABER DER SCHLÜSSEL IST AUCH FÜR DIE FENSTER.

EIN SCHLÜSSEL LAG IMMER IN DER BIBLIO-THEK, DEN ANDEREN HABE ICH BEI MIR.

KEI VERSTEHT ETWAS VON SOLCHEN DINGEN.

WIE VIELE SCHLÜS-SEL ZUR BIBLIO-THEK GIBT ES?

MEHR HABEN WIR NICHT.

ES GIBT ALSO ZWEI SCHLÜS-SEL.

EIN BE-SATZUNGS-SCHLOSS.

ICH HABE IMMER ALLE SCHLÜSSEL BEI MIR.

K'LING

WAS IST DAS?

BESAT-ZUNGS-SCHLOSS ?

DAS MACHT DIE SACHE KOMPLI-ZIERT.

DAZU NOCH DIESER SCHLÜS-SEL-BART...

WENN DAS SCHLÜSSEL-LOCH EINE SPEZIELLE FORM HAT, KÖNNEN NUR PASSENDE SCHLÜSSEL EINGEFÜHRT WERDEN, NICHT WAHR?

DIE RINGE IM SCHLOSS, DIE DEN PASSENDEN SCHLÜSSEL VON ANDEREN UNTERSCHEIDEN, HEISSEN BESAT-ZUNG.

BIS ZUM 18. JAHRHUNDERT WAR DAS DER AM HÄUFIGSTEN VERWENDETE MECHANISMUS. HEUTE SIEHT MAN IHN NUR NOCH SELTEN.

AHA...

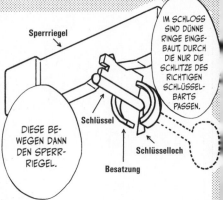

Sperrriegel

IM SCHLOSS SIND DÜNNE RINGE EINGEBAUT, DURCH DIE NUR DIE SCHLITZE DES RICHTIGEN SCHLÜSSELBARTS PASSEN.

DIESE BEWEGEN DANN DEN SPERRRIEGEL.

Schlüssel

Schlüsselloch

Besatzung

ABER ...

... VON INNEN KANN MAN AUCH MIT DIESEM RIEGEL ABSCHLIESSEN.

SO EINEN KOMPLIZIERTEN BART ZU MACHEN IST NICHT EINFACH. EIN NACHSCHLÜSSEL IST SCHWER HERSTELLBAR.

DER SCHLÜSSEL STECKTE VON INNEN. DA HÄTTE EIN NACHSCHLÜSSEL EH NICHTS GENÜTZT.

... GIBT ES KEINEN SPALT AN DER TÜR, DURCH DEN EIN DRAHT PASST.

AUSSERDEM...

ABER NUR, SOLANGE KEIN SCHLÜSSEL STECKT.

VON AUSSEN AUCH, MIT EINEM DRAHT!

ACH JA!

PATSCH

140

EIN ALIBI HAT NIEMAND.

DER TODESZEITPUNKT LIEGT ZWISCHEN ZWEI UND DREI UHR NACHTS.

TODESURSACHE WAR DIE KOPFVERLETZUNG DURCH DEN SESSEL, WIE VERMUTET.

HHM, DER SCHLÜSSEL STECKT, ES GIBT KEINEN SPALT...

... DAS FENSTER KOMMT AUCH NICHT INFRAGE...

THEORETISCH JA, ABER...

IST FAHRLÄSSIGE TÖTUNG MÖGLICH?

FRAU NARUMI...

... DAS HIER WOHL NICHT GEZEICHNET.

... DANN HÄTTE SIE...

EIN MORD HINTER VERSCHLOSSENER TÜR...

EINE MITTEILUNG KURZ VOR DEM TOD.

EINE STERBEBOTSCHAFT.

ABER WAS SOLL SIE BEDEUTEN?

FRAU ADACHI WAR HIER, UM NACH BÜCHERN FÜR IHRE ARBEIT ZU SCHAUEN, NICHT WAHR?

SO WIE GESTERN. WEGEN DES HEFTIGEN REGENS MUSSTE SIE HIER ÜBERNACHTEN.

ABER ICH KONNTE IHR DIE BÜCHER NICHT LEIHEN, WEIL SIE ZU KOSTBAR SIND. WENN SIE SIE BRAUCHTE, KAM SIE ALSO HIERHER.

JA.

ICH BIN AUFGEWACHT, NACHDEM DIE ANDEREN DIE POLIZEI GERUFEN HATTEN.

IM SCHLAFZIMMER.

WO WAREN SIE, ALS DIE LEICHE ENTDECKT WURDE?

143

144

WAS SAGEN SIE DAZU...

... HERR RAIZO SHIRANAGA-TANI?

DAS KANN DOCH KEIN ZUFALL SEIN!

DIESE VILLA HEISST EIGENTLICH ARARAGI, ABER...

ALSO DER »SEIJU DES TODES«.

SIE SYMBOLISIERT DEN TOD.

DIE ARARAGI* IST DER SEIJU** DER GÖTTIN HEKATE IN DER GRIECHISCHEN MYTHOLOGIE.

... DER ARCHITEKT NANNTE SIE »VILLA DES TODES«.

FIUH

SIE VERSCHWEIGEN...

... UNS ETWAS, NICHT WAHR?

DIESER NAME STEHT UNTER EINEM FOTO DES HAUSES.

GENAU.

*ARARAGI = EIBE; **SEIJU = HEILIGER BAUM

WAS WISSEN SIE DARÜBER?

ES GEHT UM DIE »BLADE CHILDREN«.

...

WAS ERLAUBST DU DIR, DU FLEGEL?

TJA...

Am nächsten Tag

UND DIE »BLADE CHILDREN« SIND IMMER NOCH EIN RÄTSEL.

WIR HABEN KEINE NEUEN INFORMATIONEN.

WAS SOLLEN WIR NUN TUN?

MADOKA ERZÄHLT MIR NICHTS.

VON DER VILLA HABE ICH IHR ERZÄHLT...

ABER SIE WILL KEINE HILFE VON MIR.

WAS TREIBT BLOSS MEIN BRU-DER?

RUCK

ICH HABE NEUIGKEITEN, FRAU NARUMI!

WEISST DU VIELLEICHT ETWAS ÜBER MEINE VERGANGENHEIT?

ACH JA?

DAS MORDOPFER ERWARTETE EINE GROSSE SUMME GELD.

SIE HATTE MASSIVE HERZPROBLEME UND BEKAM IMMER WIEDER BEDROHLICHE ANFÄLLE – SELBST BEI KLEINEN BELASTUNGEN.

DA DIE NOTWENDIGE OPERATION ZU VIEL KOSTETE, BEHALF SIE SICH MIT MEDIKAMENTEN, ABER...

VON FREUNDEN, DER FAMILIE ODER IHRER ARBEIT IST DAS GELD NICHT GEKOMMEN. AM WAHRSCHEINLICHSTEN IST...

... EINE ERPRESSUNG.

... NEULICH BAT SIE IHREN ARZT UM EINEN OP-TERMIN, DA SIE BALD DAS NÖTIGE GELD HABEN WERDE.

DAS HEISST...

SPUCK MICH BITTE NICHT AN.

SIE WUSSTE BESTIMMT ETWAS VON DEN »BLADE CHILDREN«.

ETWAS WICHTIGES!

IN DER NACHT KAM ES DESWEGEN ZUM STREIT.

VERMUTLICH RAIZO SHIRANAGATANI.

... ES GING UM DAS MÄDCHEN?

AMNESIE?

GROSS-VATER SAGT, ICH HÄTTE NACH EINEM STURZ AUF DER TREPPE MEIN GEDÄCHT-NIS VERLOREN. DA WAR ICH ZWÖLF.

SST

ICH WEISS NICHTS ÜBER DIE ZEIT DA-VOR.

... PASSIEREN IN LETZTER ZEIT VIELE MERKWÜR-DIGE DINGE, ODER?

... ICH FÜHLE MICH UNSICHER. AUSSER-DEM...

ER KÜMMERT SICH SEHR UM MICH. ICH KANN MICH ÜBER NICHTS BESCHWEREN, ABER...

ICH KANN AUCH NICHTS ÜBER MEINE VERGANGEN-HEIT HERAUS-BEKOMMEN.

ICH HABE KEIN EINZIGES FOTO.

IMMER WENN ICH ES VERSU-CHE, RÄT MIR GROSSVATER DAVON AB.

SOWOHL MIZUE NOHARA...

... HATTEN MIR ETWAS ERZÄHLT... ES KLANG WIE »BLADE« ODER SO...

... ALS AUCH FRAU ADACHI...

ICH GLAUBE, SIE WUSSTEN ETWAS ÜBER MEINE VER-GANGEN-HEIT.

DES-HALB...

NACHDEM SIE VON MEINER AMNESIE ERFUHREN, SPRACHEN SIE ABER NIE WIEDER DA-VON.

... DACHTE ICH, DU WEISST AUCH ETWAS.

OKAY!

KÜM-MERST DU DICH DARUM?

ICH WILL SO VIEL ÜBER DEN FALL WISSEN WIE MÖGLICH.

ABER MIR KOMMEN WEDER MEINE FAMILIE NOCH MEIN GLÜCK REAL VOR.

DIE WAHRHEIT KANN DEINE FAMILIE ...

ALLES SCHEINT MIR WIE EINE IMITATION.

DESHALB...

... DEIN JETZIGES GLÜCK, EINFACH ALLES ZERSTÖREN.

... KANN DAS ALLES RUHIG ZERSTÖRT WERDEN.

FRAU NARUMI...

... ALLE POLIZEI-INFORMATIONEN ZU DEM FALL.

Schüler-zeitung

DAS WAREN...

IST DEIN GROSS-VATER ETWA...

... ICH WOLLTE DICH ETWAS FRAGEN.

ACH JA...

BERUFS-GEHEIMNIS. ♡

WOHER HAST DU DAS ALLES?

...

ZU EINEM VERSCHLOSSENEN ZIMMER PASSEN EINIGE DINGE NICHT.

UND IRGENDETWAS FEHLT...

JA, GENAU.

WIE HAST DU DAS BEMERKT?!

NA JA... NUR EINE VERMUTUNG...

ACH JA, DIE KOMMISSARIN ...

DAS HEISST...

ETWAS, WAS »DA SEIN SOLLTE«, IST NICHT DA.

... SPRACH VON ZEITGEWINN.

5. Kapitel

Das Zimmer hinter dem Besatzungs- schloss (Teil 2)

SIE WISSEN NUR, DASS RAIMON, ALSO DAS MÄANDER-BAND, WIE MEIN NAME KLINGT.

DAS ZIMMER STEHT NUN OFFEN, UND WIR...

NEIN.

... HABEN NUR NOCH EINEN VERDÄCHTI-GEN.

ALS DIE LEICHE ENTDECKT WURDE, WAR DAS ZIMMER GANZ VER-SCHLOSSEN.

DER TÄTER MUSS ALSO EINEN TRICK BENUTZT HABEN.

DAS SCHLÜS-SEL-LOCH ?!

AH!

IN DIESEM MOMENT ENTSTAND EIN LOCH...

... DURCH DAS MAN EINEN FADEN HÄTTE FÜHREN KÖNNEN.

GENAU.

KEI STIESS DEN SCHLÜS-SEL DURCHS SCHLOSS, UM NACH INNEN ZU SCHAUEN.

FLUPP

IST ES NICHT MÖGLICH, DASS DER TÄTER SICH IM ZIMMER VER-STECKTE, ALS SIE DURCH DAS SCHLÜSSELLOCH SCHAUTEN?

NUR BIS DAHIN WAR DAS ZIMMER ABSOLUT VER-SCHLOSSEN!

UND DER SCHLÜSSEL STECKTE VON INNEN.

ALSO MUSSTE DER TÄTER DAS ZIMMER WIEDER VERSCHLIESSEN.

DANN WÄRE SOFORT KLAR GEWESEN, WER DER TÄTER WAR.

DENN NUR EINER HÄTTE ZU DIESER ZEIT IN DER BIBLIOTHEK SEIN KÖNNEN.

ALSO...

BAM

... WER IST ES?

DARUM...

KEI UND SAYOKO KÖNNEN WIR AUSSCHLIESSEN.

EBENSO FRAU HATSUYAMA.

SIE HÄTTE NICHT SCHNELLER ALS DIE MÄDCHEN IN DIE KÜCHE GEHEN KÖNNEN, WENN SIE SICH HIER VERSTECKT HÄTTE.

... KÖNNEN NUR SIE DER TÄTER SEIN!

... HERR RAIZO SHIRANA- GATANI...

...

KURZ NACH ZWEI UHR NACHTS KONFRONTIERTE SIE FRAU ADACHI IN DER BIBLIO- THEK MIT IHREM ERPRESSUNGS- VERSUCH.

DABEI GE- RIETEN SIE IN STREIT, IN DESSEN VERLAUF SIE SIE UMBRACHTEN.

WARUM BIN ICH NICHT SO-FORT GEGANGEN, SONDERN HABE MICH IM ZIMMER VERSTECKT, BIS SAYOKO KAM?

DIE STERBE-BOTSCHAFT HABEN SIE NICHT ABGEWISCHT, WEIL SIE DEN GANZEN TEPPICH WEGRÄUMEN WOLLTEN.

SIE HATTEN GEPLANT, ALLES ERST TAGSÜBER ZU ERLEDIGEN, WENN NIEMAND IM HAUS IST.

DAS WAR DOCH EIN UNNÖTIGES RISIKO.

SIE MUSSTEN DIE BIBLIOTHEK VERSCHLIESSEN, DAMIT SAYOKO DIE LEICHE UND DIE BLUTSPUR NICHT FINDET.

GERADE WEIL SIE WUSSTEN, DASS SAYOKO KOMMT.

ABER SIE HATTEN PECH.

SIE WAREN DAVON AUSGE-GANGEN, DASS DIE BRAVE SAYOKO NICHT AUF DIE IDEE KOMMEN WÜRDE, DEN SCHLÜSSEL HERAUSZUSTOSSEN.

UM DAS ZU VERHINDERN, MUSSTEN SIE DEN SCHLÜSSEL VON INNEN STECKEN LASSEN.

ABER SIE HÄTTE DURCHS SCHLÜSSEL-LOCH SCHAUEN KÖNNEN.

... DAS BAND IHRER UHR.

DEN- NOCH...

... KANN ICH ES NICHT GEWESEN SEIN.

GROSS- ARTIG.

SIEHT TATSÄCHLICH SO AUS, ALS SEI ICH DER TÄTER.

WARUM NICHT?

MURMEL

AYUMU...

FREUEN SIE SICH NICHT ZU FRÜH, HERR SHIRANA-GATANI.

DIE MUTTER HAT IHREN MORD-SÜCHTIGEN SOHN TAG UND NACHT ANS KLAVIER GE-FESSELT, SO DASS SEINE FINGER NUR DIE TASTEN ERREICHEN KONNTEN.

KANN DEIN KLEINER BRUDER WIRKLICH DIE »BLADE CHILDREN« RETTEN?

AUFTRITT FÜR EYES RUTHERFORD!

ANORD-NUNG DER TASTEN... POSITION DER ZAH-LEN...

GIBT ES WEITERE HINWEISE?

GLAUBST DU, DIE VER-FLUCHTEN HABEN...

WER IST DER JUNGE?!

MIST!

MORD IST MEIN SCHICK-SAL.

... SO VIEL ZEIT?

WEITERE RÄTSEL WARTEN AUF AYUMU UND SEINE FREUNDE – IM NÄCHSTEN BAND!

To be continued. Please wait!

SPIRAL-PRODUKTIONS-TAGEBUCH

DER ERSTE BAND IST DA!

ICH GEBE MIR SOLCHE MÜHE, ABER MEINE ZEICHNUNGEN WERDEN NICHT BESSER. VERDAMMT!

SCHLUCHZ

ABER BEI DEM GEDANKEN, DASS IN DEN BUCHLÄDEN MANGA STEHEN, DIE ICH GEZEICHNET HABE, GENIERE ICH MICH MEHR ALS DASS ICH MICH FREUE.

HALLO, ICH BIN EITA MIZUNO. DER ERSTE BAND VON SPIRAL IST ENDLICH ERSCHIENEN.

VERBEUGUNG

OHNE DIE WIRD ER SOFORT EIN ANDERER MENSCH!

SEIN MERKMAL SIND VOR ALLEM DIE LANGEN KOTELETTEN!

ZU SEINEM CHARAKTER FRAGT BITTE DEN AUTOR, KYO "SHIRO" DAIRA.

TJA, DA KANN MAN NICHTS MACHEN... NUN EIN PAAR WORTE ZUM AUSSEHEN VON AYUMU NARUMI.

WIR GEBEN IHM AM ZEICHENTISCH IMMER KOSENAMEN.

... UND ER FÄNGT DAMIT DEN TÄTER, WIE MIT EINEM LASSO.

... BIS ZU SEINEN FÜSSEN...

... REICHEN AYUMUS HAARE AM ENDE DER GESCHICHTE...

VIEL-LEICHT ...

LÄCHEL

GLAUBST DU?

ÄH?

DIE WERDEN SICHERLICH IM LAUFE DER GESCHICHTE IMMER LÄN-GER, ODER?

ICH MEINE DIE KOTELETTEN.

JA, SCHON JETZT.

ACH, ECHT?

SELTSAME VORSTELLUNG.

...

SO ETWAS ZEICHNE ICH ERST GAR NICHT.

WENN ICH NACHTS ARBEITE, FINDE ICH ALLES LUSTIG.

HA-HA-HA-HA!

BUH!

IM NÄCHSTEN BAND ERZÄHLE ICH SICHER ETWAS WICHTIGERES. ICH HOFFE, IHR WERDET ES LESEN...

SPECIAL THANKS!

SUZUCA. U
HIROKO. G
RENYA. N
MIWORA.Y
ENYA·U
MANAMI. N

NARUTO.K
NEGA.H
HARUKA.K
WATARU. Y
NICHIBI.T

MIR FIEL NUR ETWAS ZU DEN KOTELET-TEN EIN.

NACHWORT

Hallo! Ich heiße Kyo Shirodaira. Vielen Dank, dass Du diesen Band erworben hast!

Wenn ich Fanpost lese, fällt mir auf, dass manche Leser etwas missverstehen. Ich schreibe zwar die Geschichte von Spiral, aber mit den Zeichnungen habe ich nichts zu tun. Weder bemale ich Flächen, noch klebe ich Raster auf. Ich schreibe nur den Text. Die Zeichnungen macht Eita Mizuno.

Für >>Spiral — Gefährliche Wahrheit<< versuche ich mir Geschichten auszudenken, die einerseits spannend und andererseits für einen Manga geeignet sind. Die Geschichte in diesem Band läuft wie bei einem klassischen Krimi, das heißt, zuerst geschieht ein Mord, dann wird ermittelt, und schließlich ist der Fall gelöst. Aber gerade deshalb bin ich nicht hundertprozentig zufrieden. Ab dem nächsten Band werde ich besondere Krimis schreiben.

Ich hoffe, dass wir uns im zweiten Band wiedersehen!

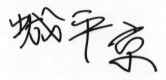

ZWISCHEN DEN FRONTEN

PERSONAL PARADISE

Die Großstadtthriller von Melanie Schober!

Personal Paradise

Personal Paradise
– Miss Misery

Personal Paradise
– Assassin Angel

von
Yoshihiro Togashi

Hunter stehen in besonderem Einklang mit den Kräften der Natur. **Gon Freeks** macht sich nach der bestandenen Hunter-Prüfung auf die Suche nach seinem **verschollenen Vater**…

von
Masashi Kishimoto

Naruto will der beste Ninja der Welt werden. Weil in ihm ein **mächtiges Geheimnis** schlummert, wird er von vielen bösen und gefährlichen Ninja verfolgt…

BLACK CAT

von Kentaro Yabuki

Der berühmte **Train Heartnett** und sein Freund Sven sind erfolgreiche Kopfgeldjäger, doch Trains **Vergangenheit** im Verbrechersyndikat »Chronos« holt ihn schlagartig ein…

ONE PIECE

von Eiichiro Oda

Monkey D. Ruffy und seine lustige Piraten-Crew sind auf der Suche nach dem größten Schatz der Welt: dem **One Piece**! Klar, dass sie da nicht die einzigen Piraten auf den Meeren sind…

von
Kazuki Takahashi

Yugi und seine Freunde müssen ihr Leben »spielerisch« meistern, doch das hört sich einfacher an als es ist… Dieser Manga ist die Vorlage zum **weltberühmten YU-GI-OH!-Trading-Card-Game**.

von
Hiroyuki Takei

Alle 500 Jahre entscheiden heftige Kämpfe, wer **König der Schamanen** wird. Der junge **Yo** und sein **Samurai-Geist** müssen alles geben, um überhaupt mitzuhalten…

ENTERTAINMENT VOM FEIN

von Hiroshi Izawa & Kohtaro Yamada

Nach dem »unehrenhaften« Tod seines Vaters und Lehrmeisters will **D'Artagnan** kein Kämpfer für die Gerechtigkeit, kein Musketier mehr werden. Viel mehr interessiert sich der schöne Jüngling für die **Damen** in seiner Umgebung…

ETOILE – SAN JYUSHI SEIRA- © 2007 by Hiroshi Izawa, Kohtaro Yamada / SHUEISHA Inc.

von Y. Hotta & T. Obata

Hikaru Shindo findet das asiatische Strategiespiel **Go** anfangs total öde, aber als der Geist **Sai** in ihn fährt, ändert sich alles. Hikaru will Profi werden…

HIKARU NO GO © 1998 by Yumi Hotta, Takeshi Obata / SHUEISHA Inc.

von Yasuki Tanaka

Tokio Shimura ist ein Sprössling einer legendären Familie, die gegen Dämonen kämpft. In seinem linken Auge sitzt ein Dämon namens **Catoblepas**, der ihm die Fähigkeit verleiht, die Zeit um sich herum anzuhalten.

HITOMI NO CATOBLEPAS © 2007 by Yasuki Tanaka / SHUEISHA Inc.

Neko Majin

von Akira Toriyama

Der fette Katzendämon **Neko Majin** ist superstark und superschlau. Immer wieder wird er deshalb von den stärksten Wesen des Universums herausgefordert, darunter auch Helden aus **DRAGON BALL** (z.B. **Vegeta** und **Son Goku**)…

NEKOMAJIN – ULTIMATE EDITION – © 1999 by BIRD STUDIO/SHUEISHA Inc.

DRAGONBALL Z
DIE SAIYAJIN

von BIRD STUDIO / Akira Toriyama

Fünf Jahre nach dem Kampf zwischen **Son-Goku** und **Piccolo** herrscht wieder Frieden auf Erden. Eines Tages taucht aus dem All ein Mann auf… sein Name ist **Radditz** und er behauptet, Son-Gokus Bruder zu sein.

TV Anime series DRAGON BALL Z Saiga-Jin Hen © BIRD STUDIO/SHUEISHA, TOEI ANIMATION

SHADOW LADY

von Masakazu Katsura

Die schüchterne **Aimi** verwandelt sich des Nachts in die verwegene Diebin **Shadow Lady**. Dabei wird sie von dem attraktiven Polizisten **Bright Honda** gejagt…

SHADOW LADY © 1996 by Masakazu Katsura / SHUEISHA Inc.

HALT!

»SPIRAL – Gefährliche Wahrheit« ist eine japanische Comicserie, und in Japan wird von »hinten« nach »vorn« und von rechts nach links gelesen.

Weil wir bei Carlsen Manga so originalgetreu wie möglich veröffentlichen, erscheint »SPIRAL – Gefährliche Wahrheit« auf Deutsch auch in der ursprünglichen Leserichtung.

Man muss diesen Manga also »hinten« aufschlagen und Seite für Seite nach »vorn« weiterblättern. Auch die Bilder auf jeder Seite und die Sprechblasen innerhalb der Bilder werden von rechts oben nach links unten gelesen, so wie in der Grafik gezeigt. Das ist gar nicht so schwer.

Viel Spaß mit »SPIRAL – Gefährliche Wahrheit«!

CARLSEN MANGA
Deutsche Ausgabe/German Edition • 1 2 3 4   12 11 10 09 • Carlsen Verlag GmbH · Hamburg 2009 • Aus dem Japanischen von Miyuki Tsuji • SPIRAL vol. 1 © 2000 KYO SHIRODAIRA, EITA MIZUNO / SQUARE ENIX All rights reserved. • First published in Japan in 2000 by SQUARE ENIX CO., LTD • German translation rights arranged with SQUARE ENIX CO., LTD and CARLSEN VERLAG GmbH through Tuttle-Mori Agency, Inc. • Redaktion: Jonas Blaumann • Textbearbeitung: Thomas Worthmann • Lettering: Michael Möller • Herstellung: Björn Liebchen • Druck und buchbinderische Verarbeitung: CPI – Ebner & Spiegel, Ulm • Alle deutschen Rechte vorbehalten • ISBN 3-551-78701-9 • Printed in Germany

Hol dir die CARLSEN MANGA NEWS auf www.carlsenmanga.de!